VSH

Ursula Schachschneider
Die afrikanische Skulptur

Ursula Schachschneider

DIE AFRIKANISCHE SKULPTUR

Urlaubsgeschichten

V S H P r o s a
Reihenband Nr. 1

Ursula Schachschneider
DIE AFRIKANISCHE SKULPTUR
Urlaubsgeschichten

Erweiterte Neuausgabe
1. Auflage: September 2024

Satz:
Gill-Media

Klappentext:
Astrid Leutholf

Covergestaltung:
Renee Rott

VSH Verlag Schönrock & Heikamp GbR
Mohnweg 11, 41569 Rommerskirchen
verlag@roki-art.de
www.roki-art.de

ISBN Taschenbuch 978-3-910361-05-8
ISBN E-Book 978-3-910361-07-2

Druck: Libri Plureos GmbH,
Friedensallee 273, 22763
Hamburg

INHALTSVERZEICHNIS

DIE AFRIKANISCHE SKULPTUR

Das war nun schon das dritte Mal in dieser Woche, dass ich Überstunden zu absolvieren hatte. In der Vorweihnachtszeit mussten in unserem Betrieb immer die Kundenpräsente edel eingepackt und versandfertig gemacht werden. Eigentlich arbeitete ich ja in der Auslandsabteilung, aber für diese Sonderaufgabe wurde jede helfende Hand benötigt – besonders meine! Der Chef meinte: „Das ‚Frollein Münster' hat beim Verpacken immer so geschickte Hände."

Als gegen 19 Uhr mein Magen schon ganz schön durchhing, hatte ich nicht übel Lust, auch ein Paket für seine Obrigkeit (den Chef) zu packen mit einem Knochen darin für seinen ‚Wauzi' – dazu eine Karte mit der Aufschrift *‚Das Frollein Münster wünscht Frohe Weihnachten'*.

Um endlich gehen zu können, verschob ich dieses Vorhaben dann aber doch auf die nächsten Überstunden.

Auf dem Nachhauseweg konnte leider der Lebensmittelmarkt an der Ecke nicht umgangen werden, da der Magen knurrte und das Hirn Delikatessen auftischte, die nur im Supermarktregal und nicht im heimischen Kühlschrank aufzufinden waren. Nur die beschränkten Geldvorräte in der Geldbörse hinderten die Verhungernde daran, den halben Laden leer zu kaufen.

Gemütlich, das ganze Sofa in Beschlag nehmend und Schoko-Nüsse kauend saß Marvin vor dem Fernseher und schaute die Börsennachrichten. Seine dringliche Frage: „Was gibt es zu essen?" folgte direkt die Pflichtfrage „Wie war Dein Tag heute?"

Seine Socken lagen im Bad vor der Waschmaschine, wie immer den extra dafür positionierten Wäschekorb missachtend. Aber ich wollte nicht meckern, früher lagen sie unmittelbar neben der Couch auf dem Boden.
Krabbencocktail, Penne mit Pesto und ein Becher mit Fertig-Tiramisu verschafften ein innerliches Wohlgefühl und Marvin schenkte uns geflissentlich ein zweites Glas Wein nach, um zu zeigen, dass auch er etwas zum Abendmahl beitrug.
Beim zweiten Schluck fiel mein Blick auf den Kaminsims und ich hätte mich beinahe verschluckt.
„Ich dachte schon, Du würdest sie überhaupt nicht bemerken!“ war Marvins Kommentar. „Wie gefällt sie Dir?“
Mit ‚sie’ war eine barbusige Afrika-Skulptur mit Baströckchen gemeint, die auf dem Kaminsims zwischen zwei großen China-Vasen postiert war.
Es traf mich wie die Faust aufs Auge; unsere Wohnung war - vor allem auf mein Betreiben hin - im fernöstlichen Stil eingerichtet. Große Fächer an den Wänden, Vorhänge aus edlen Seidenstoffen, ein geerbtes Ming-Service in der Vitrine, zwei große Nachbildungen von Kriegern aus der chinesischen Armee sowie weitere Mitbringsel von unserer großen Fernost-Reise zierten die Räume.
Um Marvins erwartungsvollen Blick nicht zu enttäuschen, quetschte ich mir ein „sehr schööön“ heraus und verschob eine taktische Diskussion über den richtigen Standort der Skulptur auf einen späteren Zeitpunkt. Vielleicht fand sich ja ein Eckchen, in

welchem der Stilbruch visuell nicht so ins Auge sprang.
Vor dem Einschlafen ließ ich in Gedanken meine Eindrücke von seiner vorherigen Wohnung während unserer Kennenlernphase Revue passieren: Zusammengewürfelte Möbel, ein großes vollgestopftes Regal, eine minimalistisch ausgestattete Küche mit eingebauter Kochzeile und als einziger Schmuckgegenstand zierte eine Borussia-Fahne die Wand gegenüber der Schlafcouch.
Unsere jetzige Einrichtung fand meines Wissens seinerseits große Zustimmung, doch persönlich daran partizipiert hatte er eigentlich nicht, und dass die Anschaffung von Kunstgegenständen auch etwas kostete, bedurfte immer einiger Diskussionen. Deswegen nahm meine Verwunderung über den Neuerwerb noch zu.
Die Vorweihnachtszeit nahm ihren Lauf und bedingt durch viel Hektik am Arbeitsplatz fühlte ich mich so ausgepowert, dass es mir an Muße fehlte, die Diskussion um die Skulptur zu führen, zumal auch Marvin aufgrund von Überstunden häufig noch später als ich nach Hause kam.
Am Heiligabend thronte die Afrika-Schönheit noch immer auf dem Kaminsims und wirkte neben dem festlich geschmückten Weihnachtsbaum, der neben dem Kamin aufgestellt war, wie eine Außerirdische. Die unter dem Baum verteilten Geschenke glänzten verheißungsvoll und ein köstlicher Bratenduft lag in der Luft und steigerte die allgemeine Vorfreude.
Ehe wir uns dem Festmahl zuwandten, packten wir gemeinsam Geschenke aus.

Parfüm, Kunstkalender, schwarze Dessous und Champagner-Trüffel waren meinerseits schon ihrer Umhüllungen entledigt worden und ich wandte mich genüsslich einem geheimnisvollen, in armyfarben verpackten riesigen Paket zu, welches ich mir bis zum Schluss verwahrt hatte. Erwartungsvolle Augen verfolgten den Enthüllungsvorgang. Ein kleiner spitzer Schrei meinerseits, als eine langhalsige geschnitzte Holzgiraffe mit treuen Augen zum Vorschein kam, wurde seitens Marvins als Ausdruck der Freude gedeutet.

Nach den Weihnachtstagen nahm der Alltag wieder seinen Lauf. Meiner Verwunderung über die hölzernen afrikanischen Mitbewohner maß ich keine übermäßige Bedeutung zu und ordnete diese Mitbringsel höchstens in die Kategorie ein: Man lernt über seinen Partner nie aus!

Rückblickend hätte ich mir aber gerade zu diesem Thema mehr Gedanken machen sollen!

Während sich mein Überstunden-Pensum im neuen Jahr wieder in Normal-Normen bewegte, glänzte Marvin häufig durch Abwesenheit im Dienste seiner Firma.

Als er eines Abends erneut spät nach Hause kam, trug er schwer an einer aus Ebenholz geschnitzten Maske, die weit über die Hälfte aus seiner Arbeitstasche hervorlugte.

Gereizt fragte ich ihn, ob seine Firma ihr Arsenal neben Maschinenbauteilen um Afrika-Artikel erweitert habe oder ob er bei uns ein Dschungel-Camp einrichten wolle und ich zum Abendessen dann im Bastrock die Buschtrommel schlagen müsse - ein

Accessoire, welches übrigens noch in seiner Sammlung fehle!
Als er jedoch in sehr ausschmückenden Worten die Idee präsentierte, man könne doch auch mal einen Afrika-Urlaub ins Auge fassen, hob sich meine Laune zusehends bei der Idee, zur Abwechslung mal den schwarzen Kontinent zu bereisen.
Ein anschaulicher Bildband über Afrika, der mir beim Stöbern in einem Buchladen in die Hände fiel, bestärkte die Idee, die dargestellten farbenprächtigen Landschaften bei Sonnenauf- oder -untergang hautnah zu erleben und die einzigartige Tierwelt einmal bei einer Jeep-Safari fotografieren zu können. Für eine leidenschaftliche Fotografin wie mich war das ein anderer Anreiz als ein Schnappschuss über die Zoomauer.
Auf meine Nachfrage hin einigten Marvin und ich uns auf den Herbst als Reisezeit und Kenia als Reiseland. Während sich mein Lebensgefährte typischerweise wieder recht passiv verhielt, was unser Vorhaben anbelangte, reicherte sich das Informationsmaterial in Form von Prospekten und Reiseführern dank meiner Initiative auf dem Arbeitstisch an und mit Feuereifer vertiefte ich mich bei jeder Gelegenheit in die Unterlagen.
Der heimische Sommer läutete sich mit Regentagen ein. Da wir beide jedoch viel arbeiten mussten kam angesichts der geplanten Afrikareise im Herbst keine große Betrübnis auf.
Eines Tages kam meine Freundin Sara auf einen Kaffee zu Besuch. Sie war länger nicht mehr da ge-

wesen und belächelte bei einem Wohnungsrundgang unser Zwei-Kulturen-Interieur.
Während wir es uns auf dem Balkon gemütlich machten, meinte sie spontan: „Warum schmeißt Du den China-Kram nicht einfach raus? Ihr seid doch jetzt auf dem Afrika-Trip und bringt von Eurer Reise bestimmt noch einige Souvenirs mit!“
Erstaunt fragte ich sie: „Afrika-Reise? Davon habe ich Dir doch noch gar nichts erzählt! Woher weißt Du das?“
„Ach“, meinte sie nun ihrerseits erstaunt, „ich hab doch neulich im Markt-Café Marvin mit dieser Zaneda getroffen, er hat sie mir als Eure Bekannte vorgestellt und von Eurem geplanten Kenia-Urlaub berichtet. Hat er Dir das denn nicht erzählt?“
„Zaneda?“ fragte ich dümmlich.
„Ja, das ist doch diese schwarze Schönheit, die in dem neuen Afrika-Laden am Bahnhof arbeitet!“ erwiderte Sara und merkte an meinem entsetzten Gesicht, dass sie in irgendein Fettnäpfchen getreten war.
Noch am gleichen Nachmittag fuhr ich in die Stadt und stattete dem Afrika-Shop mit klopfendem Herzen einen Besuch ab. Eine große Anzahl maskenhafter Holzgesichter schauten mich von den Wänden feindlich an. Geschnitzte Krieger-Skulpturen in allen Größen und Lebenslagen schienen mich mit ihren grimmigen Blicken zu verhöhnen. Verschiedengroße langhalsige Giraffen drehten mir den Rücken zu und sahen gelangweilt aus dem Schaufenster. An Mordwerkzeuge erinnernd zierten Buschmesser und Musketen die Vitrinen und hinter einem Bambustresen stand sie, Zaneda!

Meine Vorstellung suggerierte mir diese Schönheit barbusig im Bastrock und die Ähnlichkeit mit unserer Kamin-Skulptur war so frappierend, als hätte sie Modell gestanden.
Nicht in der Lage, auch nur annähernd einen Kaufwunsch zu äußern, trugen mich meine Füße irgendwie aus dem Laden.
Am Abend kam es zu der unausweichlichen Aussprache mit Marvin. Was mich im Nachhinein besonders schmerzt, ist die Tatsache, dass er es sehr lange abstritt, ein Verhältnis zu haben und erst nach langem Reden seine große Liebe zu Zaneda eingestand.
Der Schnitt danach war radikal. Ich war es, die sich schnellstmöglich eine neue Wohnung suchte. Zaneda war es, die schnellstmöglich zu Marvin einzog. Ob sie an meiner statt mit ihm nach Kenia reiste entzieht sich jedoch meiner Kenntnis. Meine Stornierung der Reise gehörte jedenfalls zum allgemeinen Schlussstrich.
Mit der Zeit hat sich meine Gefühlswelt wieder halbwegs normalisiert. Die neue Wohnung hat eine moderne Ausstattung erhalten und bis auf das Service habe ich Abnehmer für die China-Sachen gefunden, deren ich im Zuge der Neuorientierung ebenso überdrüssig geworden war wie des geschenkten ‚Ebenholzes', und trotz des treuen Blickes wanderte die Giraffe nicht in einen Umzugskarton.
Wegen des Umzugs finanziell eingeschränkter habe ich dennoch gemeinsam mit Freunden einen Urlaub am beschaulichen ‚Eibsee' in Bayern gemacht. Eine Fotoserie mit traumhaft schönen Sonnenuntergängen über dem Wasser und farbenprächtigem Berg-

panorama sowie Gruppenfotos von abendlichem Lagerfeuer vor der ‚Hüttn' zeugt vom Urlaubsspaß der etwas anderen Art.
Meine traurigen Erinnerungen an die Zeit mit Marvin erhielten einen Umkehrschub, denn aus der Enttäuschung wurde das Gefühl noch einmal ‚Schwein gehabt' zu haben; die Beziehung hätte auch in der Ehe enden können.
Fast ein halbes Jahr ist nun seit meinem Umzug vergangen und wie immer in der Vorweihnachtszeit sitze ich nach Feierabend im Betrieb und verpacke Geschenke. Mein Magen knurrt – doch heute habe ich etwas zum Schmunzeln, ausgelöst durch die Erinnerung an eine Begebenheit, welche sich am Vortag ereignete: Als ich mich gestern zwecks Einkaufs von Geschenken in das vorweihnachtliche Getümmel unseres kleinen Städtchens einreihte, sah ich Marvin, wie er – unbemerkt von meinen Blicken - aus einem englischen Antiquitäten-Laden kam. Eine Standuhr, die vom Aussehen her stark an den ‚Big Ben' erinnerte, schaute gewichtig über die Hälfte aus seiner Arbeitstasche heraus. Eine attraktive Rothaarige stand hinter der Glasscheibe des Schaufensters und winkte ihm hinterher.

KARIBIK ADE!

Damian saß mit versteinerter Miene auf dem großen Felsstein, der am Wegesende direkt vor dem Seeufer lag. Noch nie in seinem Leben hatte er sich so niedergeschlagen und sauer gefühlt. Was sollte das nur für ein blöder Urlaub werden?

Als er an die Ankunft gestern Abend dachte, kochte es innerlich wieder in ihm hoch. Urlaub auf dem Bauernhof!

Im Doppelzimmer seiner Eltern hatte man in einer Nische für ihn ein Beistellbett aufgebaut. Das Bad und die Toilette waren nebenan auf dem Gang. Hinter dem Haus roch es von den Ställen her nach Kuhdung und Pferdemist.

‚Ob er reiten könne?' hatte der Gastwirt gefragt. Er hatte dies nur einsilbig verneint. Warum hatte er ihm eigentlich nicht erklärt, dass er letztes Jahr in seinem Mexiko-Urlaub Bogenschießen, Windsurfen, Paragliding und Rafting gelernt hatte?

Als sein Blick nun über diesen mickrigen milchiggrünen Bergsee schweifte, dessen Grund man nicht erkennen konnte, dachte er an das kristallklare türkisfarbene Wasser der Karibik, die hohen Wellen, in die man eintauchen konnte, die Krebse, die er gefangen hatte. In Gedanken sah er das dortige Frühstücksbuffet vor sich: Riesige Tafeln mit allen erdenklichen exotischen Früchten, Salaten, kalten und warmen einheimischen und internationalen Köstlichkeiten, Getränken, Nachspeisen, Kuchen, und allein die riesige Brottheke, die es mit ihrer Riesenauswahl verschiedener Brot- und Brötchensorten allen Nationen recht zu machen gedachte. Heute gab es hier zum Frühstück nur Brötchen und Kümmel-

brot (Igitt!) und Wurst oder Marmelade und Milch oder Kakao.
Im letzten Jahr hatte er ein eigenes Zimmer mit Terrasse und Meeresblick, mit riesigem Bad, Fernseher, HiFi-Anlage, Kühlschrank und Minibar gehabt. Mit seinen Urlaubsfreunden hatte er alle ‚Activities' des ‚Kids-Club' genossen und war an den Nachmittagen aus dem Pool oder aus dem Meer kaum rauszukriegen.
Dies alles hatte er gestern Abend in einem hässlichen Streit seinen Eltern an den Kopf geschmissen und gefragt, was er in diesem beschissenen Urlaub hier überhaupt machen solle!
„Hier kannst du wandern, schwimmen, Tiere betreuen, reiten, andere Kinder kennenlernen und vieles mehr" hatte seine Mutter in ruhigem Ton geantwortet, „und Spaß haben kann man auch in Bayern, es muss nicht immer Mexiko sein" hatte sein Vater noch hinzugefügt. So begriffsstutzig hatte er seine Eltern noch nie erlebt. Die kapierten doch gar nichts.
Seitdem schmollte er und die vorgeschlagenen Touren würde er auch nicht mitmachen.
Auf dem nahe gelegenen Feldweg fuhr ein Traktor samt einem hoch mit Heuballen beladenen Anhänger vorbei.
„Das gibt's doch gar nicht", dachte er, „das ist ja der Sohn des Gastwirtes, und hat der überhaupt einen Führerschein?"" Um dieser Frage auf den Grund zu gehen ging er zu den Ställen, vor dem der Traktor nun hielt. Das große Scheunentor aufklappend sah ihn der Wirtssohn dann dort vor sich stehen.

„Hi, ich bin der Sascha. Wenn du mir beim Ausladen hilfst, zeige ich dir nachher wie man Trecker fährt“, sagte dieser und sah ihn fragend an.
Sein erster Gedanke war: Arbeiten in den Ferien? Nein danke! Doch unendlich gerne würde er ja auch einmal so einen Traktor lenken; also fragte er schließlich vorsichtig: „Braucht man denn dafür keinen Führerschein?“
„Nein, so lange du hier auf dem Gelände übst ist das okay. Also was ist?“ entgegnete dieser.
„Geht in Ordnung!“ hörte er sich selber sagen, und beide machten sich daran Heuballen abzuladen, wobei er sich große Mühe gab mit Saschas Arbeitstempo mitzuhalten, um nicht als Schlappschwanz dazustehen.
Von nun an waren Sascha und er ein Team. Mehrere Fuhren Heu wechselten vom nahen Feld in die Scheune und noch vor dem Mittagessen hatte er es nach zunächst zweimaligem Abwürgen des Motors geschafft, das schwere Gefährt einmal um den Innenhof zu manövrieren. Ein unendlicher Stolz machte sich in ihm breit.
Zum Mittagessen, zu dem sich beide wie selbstverständlich in der Bauernküche einfanden, leerte er zwei mit Erbseneintopf gefüllte Teller, und ohne es überhaupt wahrzunehmen waren dazu zwei Scheiben Kümmelbrot von ihm mitvertilgt worden.
Am Abend hatte sich die neue Freundschaft nicht nur prächtig entwickelt, sondern auch sein Wortschatz der Urlaubsvergnügungen hatte ein ganz neues Spektrum angenommen. Dazu gehörten nun neben Traktorfahren auch die Begriffe Mountainbiking,

Crossfahren, Mutsprünge von der Scheunentenne ins Heu, Feld-Volleyball und für den morgigen Tag war ein Wettrudern der Dorfjugend auf dem See angesagt, bei dem er vielleicht noch mitmachen konnte.

Wie umgewandelt legte er sich am Abend in sein Bett und war im nächsten Moment schon eingeschlafen, was die Eltern mit einem zufriedenen Lächeln quittierten.

In den nächsten Tagen sah die Welt ganz anders aus. Dieser so ‚öde' beginnende Urlaub verhalf ihm nun zu Fähigkeiten und Fertigkeiten, die ihm zuvor im Leben noch nicht in den Sinn gekommen waren, und erfüllten ihn mit unverkennbarem Stolz. Neben einem dritten Platz im Ruderwettbewerb – und das ohne Üben – machte ihm das Fahrrad-Crossfahren mit mehreren Jungen besonderen Spaß und im Volleyball-Team der Dorfjugend hatte er schon einen festen Platz gefunden. Aber auch das Vermögen, einen ganzen Acker mit Traktor und Pflug umpflügen zu können, stand nun ganz oben in seiner Werteskala. Die zusätzlich von seinen Eltern initiierten Ausflüge zu einer alten Silbermine, ins Edelsteinmuseum, zur Sommerrodelbahn und in einen Erlebnispark, zu denen natürlich sein Freund Sascha mit durfte, waren ein voller Erfolg.

Als Damian sich eines Abends mit seinem neuen Freund Sascha am Scheunentor treffen wollte, kam er auf seinem Weg dorthin am offenen Fenster der Bauernküche vorbei. Ohne lauschen zu wollen, hörte er, wie Saschas Vater drinnen zu seiner Frau sagte: „Ich finde es absolut beachtenswert, wie er und seine Frau dem Jungen einen so schönen Urlaub bieten,

obwohl er vor kurzem arbeitslos geworden ist und noch keinen neuen Job hat".
Wie vom Donner gerührt stand Damian da und schloss haarscharf, dass sich diese Bemerkung nur auf seinen Vater beziehen konnte, da sie hier die einzigen Feriengäste auf dem Hof waren. Wie Schuppen fiel es ihm nun von den Augen, warum sie hier diesen Urlaub der etwas anderen Art machten. Nun wurde ihm einiges klar. In den nächsten Minuten mischten sich Gefühle wie Wut, (warum hatten sie ihm nichts gesagt?) mit Enttäuschung, Ratlosigkeit und schließlich Traurigkeit miteinander ab, wobei er sich selbst in diese Misere miteinbezog. Konnten sie sich diesen Urlaub überhaupt leisten? Hatten sie zukünftig genug Geld zum Leben? Beschämt dachte er an das Theater, das er ihnen am Urlaubsanfang gemacht hatte.
Dort stehend und grübelnd fand ihn schließlich Sascha. Sie gingen noch zum See ‚Steine flitschen', doch so recht war er nicht bei der Sache, so dass sie sich für den nächsten Tag verabredeten.
Zurück im Zimmer stellte er seinem Vater umgehend die ihn quälende Frage: „Papa, hast du deine Arbeitsstelle verloren?" Der Vater bejahte dies mit sorgenvollem Gesicht, und beide Eltern erklärten, dass man ihm dies bislang nicht gesagt habe, damit er einen schönen unbeschwerten Urlaub haben solle. Sie führten ein gutes Gespräch, bei dem jeder Vorschläge machte, wie man sich zukünftig etwas einschränken könne und bei dem man ihn wie einen Erwachsenen behandelte.
„Ich kann jetzt zu Hause bei unserem Bauern arbeiten und Geld dazuverdienen" war sein Vorschlag, bei

dem der Vater sich ein Lächeln verkniff und der Mutter die Tränen in die Augen schossen.
Der Urlaub neigte sich mit großen Schritten dem Ende zu, und für den morgigen vorletzten Tag standen für die Jungen aufregende Ereignisse an: Der Gastwirt erwartete die Lieferung eines neuen Mähdreschers, ein Feldvolleyball-Spiel gegen die Mannschaft des Nachbarortes sollte am Nachmittag stattfinden und am Abend wollten beide Familien in die Gaststätte ‚Ochsenwirt' gehen und die Tagesereignisse und den Urlaubsabschluss mit einem gemeinsamen Abendessen zelebrieren.
Ungeduldig warteten die Jungen an diesem Vormittag auf den neuen Mähdrescher. Sie fachsimpelten über technische Daten, Bedienungselemente, und darüber, ob es schwierig sei mit ihm ein Feld abzuernten. Der Vormittag zog sich hin wie Kaugummi und nichts Weltbewegendes passierte. Als der Mähdrescher endlich in den Hof einfuhr, war es Nachmittag und die allerhöchste Zeit für die Jungen zu ihrem Volleyballspiel aufzubrechen.
Damian war stolz: Neben Sascha hatte man ihn kurzfristig mit aufgestellt, da einige der einheimischen Spieler andernorts in Urlaub waren. Hoffentlich konnte er ein gutes Spiel abliefern. Seine Mutter würde die beiden begleiten, da der Vater noch ein paar wichtige Anrufe erledigen musste. Sie hatte versprochen, sich unter das einheimische Publikum zu mischen und die Mannschaft lautstark mit zu unterstützen.
Mit hauchdünnem Vorsprung, aber dennoch überglücklich, konnten sie das Spiel für sich entscheiden.

Damian hatte einige gute Punkte erzielen können und euphorisch stürmte er zusammen mit den anderen Mitspielern unter lautstarkem Beifall der Zuschauer vom Platz, als ihm eine kleine Bodenunebenheit zum Verhängnis wurde.
Er stolperte, kam ins Straucheln und noch während des Sturzes knallte er mit seinem Arm auf die Kiste mit Ersatzbällen, die am Wegesrand stand.
Ein fürchterlicher stechender Schmerz durchfuhr ihn, und er spürte gleich, dass dies nicht nur eine einfache Prellung war.
Der Trainer erbot sich, mit ihnen in das nahe gelegene Krankenhaus zu fahren, und als sie endlich zum Bauernhof zurückkehrten, zierte den Arm ein frischer, bis zum Ellbogen reichender Gips.
Nachdem sich die Wogen über das Vorgefallene geglättet und jeder sein Bedauern und gute Besserungswünsche ausgesprochen hatte, beschloss man, der Ereignisse zum Trotz, auf das geplante Abendessen beim ‚Ochsenwirt' nicht verzichten zu wollen.
Die gepflegte Gaststube mit ihrer gemütlichen Atmosphäre trug dann auch dazu bei, dass sich die Stimmung der Gäste hob.
Alle Ereignisse wurden haarklein noch einmal nachempfunden und über mangelnden Gesprächsstoff gab es nichts zu klagen. Die deftige bayrische Hausmannskost war genau das Richtige für diesen Abend und es wurde mit großem Appetit zugelangt. Die Mutter hatte Damian, wie früher, als er ein kleiner Junge war, sein Fleisch klein geschnitten, doch er nahm es gelassen hin. Auf dem Gips prangte bereits

eine Widmung, natürlich von Sascha, der sich als Erster verewigen durfte.
Als man anschließend noch in gemütlicher Runde beisammen saß, meldete sich Damians Vater zu Wort.
Mit unverhohlenem Strahlen in den Augen verkündete er, von seiner Seite gäbe es zu den Tagesereignissen auch noch etwas beizutragen. Heute habe er mit seinem ehemaligen Chef telefoniert, und dieser habe ihm eine adäquate Stellung in einer anderen Niederlassung angeboten. Nun müsse er zwar etwas weiter zur Arbeit fahren, aber er gedenke, diesen Job anzunehmen. Das war die Krönung!
Die Stimmung am Tisch überschlug sich und man bestellte noch eine Runde.
Schließlich wurde die Stimme seines Vaters wieder gelassen, als er zu Damian sagte: „Nun mein Sohn, können wir uns nächstes Jahr auch wieder einen Urlaub in Mexiko leisten. Was meinst du dazu, Junge?“
Damian verschlug es die Sprache, man sah förmlich, wie es in seinen Gedanken arbeitete. Dann meinte er mit ernster Stimme: „Das geht leider nicht. Wir müssen mindestens noch einen Urlaub hier verbringen. Ich muss ja noch lernen den neuen Mähdrescher zu fahren, damit ich im Ernstfall bei einem Bauern arbeiten kann.“
Die unerwartete Antwort wurde von allen am Tisch mit großem Erheitern und Beifall begrüßt und man einigte sich, dass aufgrund dieses wichtigen Arguments der nächste Urlaub wieder hier gebucht war.

PER LUFTPOST

Sie lauschte den Instruktionen, wie man im Notfall seine Schwimmweste anlegt und wo im Flugzeug sich die Notrutsche befindet. Als sie vor vielen Jahren das letzte Mal geflogen war, wurden diese Anweisungen noch von den Flugbegleitern persönlich vorgeführt. Heute wurden sie als Film auf den Bordbildschirmen abgespielt.
Eigentlich könnte sie sich gemütlich zurücklehnen, mit ihrer Freundin Sarah ein Pläuschchen halten oder sich innerlich ganz auf den bevorstehenden Gran Canaria-Urlaub freuen. Eigentlich! So sagte Sarah, als sie in ihr Gesicht voller Sorgenfalten blickte: „Entspanne dich Tina, diesen Urlaub wollen wir genießen und es uns gut gehen lassen!" Doch ihre Gedanken schweiften in die Vergangenheit.
Beim Einchecken in den Flieger war vor ihr plötzlich ein bekanntes Gesicht aufgetaucht. Vorne in der Warteschlange stand Clara-Lisa Berger und nun, im Flugzeug, saß diese schräg gegenüber im Mittelgang zwei Reihen zuvor.
Ja damals, als Fräulein Clara-Lisa Berger ihr zum ersten Mal begegnete, fing diese neu bei Reinhardt & Co an. Ihr Chef, Alexander Reinhardt, stellte ihr Fräulein Berger vor und sie erinnerte sich noch genau, wie sehr sie dies verwunderte. Als rechte Hand vom Chef gab es nur sehr wenig, was er ihr vorenthielt. Wieso war sie hierüber nicht informiert gewesen?
Was dann folgte, war ein schleichender Prozess zunehmender eigener Unzufriedenheit. Der Chef schränkte ihren Aufgabenbereich mehr und mehr ein und übertrug Fräulein Berger immer häufiger Aufgaben aus ihrem Kompetenzbereich, angeblich um sie

zu entlasten. Desweiteren schlichen sich Fehler bei den von ihr zu erledigenden Arbeiten ein und anfangs fragte sie sich, ob diese auf ihrer Unzufriedenheit basierten. Es waren immer nur Kleinigkeiten, die schief liefen und eigentlich längst zur Routine geworden sein müssten, aber sie summierten sich.

Als schließlich zwei von ihr getippte aber noch unkorrigierte wichtige Luftpost-Briefe trotzdem mit der Ausgangspost verschickt worden waren, wusste sie: Dies war ihr nicht passiert. Aus einem Verdacht heraus hatte sie diese Briefe unkorrigiert in die oberste Schreibtischschublade gelegt, um sie am morgigen Tag zu verbessern und war nach Hause gegangen. Folglich musste eine andere Person diese genommen und unkorrigiert in die Ausgangspost gegeben haben. Das sie verschickt worden waren, ließ sich anhand des Postausgangsbuches feststellen, nur nicht, wer es war. Doch bei einem Gespräch mit Herrn Reinhardt, in welchem sie ihm die Vorkommnisse schilderte, stärkte dieser ihr nicht den Rücken, blieb allgemein und sagte, dass solche Dinge eben mal vorkommen könnten.

Aus dieser Unzufriedenheit heraus und weil sich weitere Vorfälle ereigneten, hatte sie sich schließlich nach einiger Zeit einen neuen Job gesucht und musste dort erst mal wieder ‚kleine Brötchen backen.' Mittlerweile hatte sich jedoch ihre jetzige Position gefestigt. Es war ein solides Unternehmen und die Arbeitsbereiche kamen annähernd ihrem vorherigen Aufgabengebiet gleich.

Später erfuhr sie von einem ihrer ehemaligen Kollegen bei der Firma Reinhardt, dass der Chef,

Alexander Reinhardt, und Fräulein Clara-Lisa Berger nach einer Weihnachtsfeier gemeinsam in einem Hotelzimmer genächtigt hätten.
Nun also saß das Fräulein Berger – allein reisend – vorne im Flieger! Nun ja, ihre Freundin Sarah hatte Recht! Sie wollte doch schließlich den ersten Urlaub seit langer Zeit genießen. So unterhielten sich die beiden Freundinnen und spekulierten, welche Annehmlichkeiten sie wohl im Urlaubsdomizil erwarten würden.
Doch im Hotel angekommen und auf dem Zimmer eingecheckt ereilte sie der Schreck. Der Koffer war nicht ihr Koffer. Er sah nur genauso aus und er hatte auch ein rotes Erkennungsbändchen am Handgriff. Doch er hatte keinen Adressanhänger auf dem ihr Name, Tina Wallmann, stand und der Schlüssel passte nicht ins Schloss. Vielmehr war er – oh Wunder – unverschlossen und ließ sich leicht öffnen. Obenauf lagen riesige Strandlatschen im BVB-Fußballdesign. Diese Latschen musste jemand besonders lieben, denn man konnte sehen, dass das rechte Halteband gerissen und mit rotem Isolierband wieder geflickt worden war. Der weitere Inhalt quoll fast aus dem Koffer und ließ auf einen männlichen Besitzer schließen: Herren-T-Shirts, Boxershorts, Badehose und vieles mehr. Sie wollte den Koffer schon fast wieder schließen, als sie unter einem Hemd etwas erblickte, was wie die Spitze eines Lebkuchenherzens aussah. Hervorgezogen entpuppte es sich tatsächlich als ein solches. Bei näherer Betrachtung sah man, dass dieses Herz nicht die übliche Oberflächenbeschriftung hatte, wie zum Beispiel ‚Ich liebe Dich'.

Nein, jemand hatte sich die Mühe gemacht es individuell zu beschriften. Dort stand in Zuckerguss ‚Genieße den Junggesellenabschied, aber SEI MIR TREU!'
Und unter die Schrift war ein Foto geklebt, das eine hübsche junge Frau im Negligé zeigte. Viele kleine rote Zuckergussherzen umrandeten das Lebkuchenherz.
Was sollte sie nun machen? Alles was man im Urlaub so dringend benötigte, war im eigenen Koffer. Ohne ihn war sie ziemlich aufgeschmissen. Gott sei Dank war er ja abgeschlossen, so dass bei einer wahrscheinlichen Vertauschung die andere Person wenigstens nicht in ihren Sachen stöbern konnte. Gemeinsam mit Sarah erzählten sie an der Hotelrezeption das Missgeschick und der Rezeptionist telefonierte, natürlich in Spanisch, mit dem Flughafen und sie erfuhren, dass sie den fremden Koffer am besten mit dem Taxi dorthin zu bringen hatten. Dafür würde man ihr aber den ihrigen, wenn sie Glück hatte, morgen oder übermorgen ins Hotel bringen. Also erneut zum Flughafen, den falschen Koffer abliefern! Ein schönes Programm für den ersten Nachmittag!!!
Endlich wieder zurück im Hotel, lieh ihr Sarah das Nötigste für den Abend und die Nacht von ihren eigenen Sachen. Wie schön, dass beide dieselbe Konfektionsgröße hatten. So ging sie in ihr Zimmer um sich vor dem gemeinsamen Abendessen noch etwas frisch zu machen. Doch schon wieder traf sie fast der Schlag, auf dem Bettvorleger lag das Lebkuchenherz. Wahrscheinlich war es heraus-

gerutscht, als sie den Inhalt in Eile wieder in den Koffer gestopft hatte.
‚What a mess'. Genug der Peinlichkeiten und Missgeschicke – der Lebkuchen verschwand erst einmal in der untersten Kommodenschublade.
Ohne weitere Vorkommnisse genossen Sarah und Tina ihr Abendessen und dazu einen vollmundigen spanischen Wein, machten einen Rundgang bis zum Hafen, wo man in einer Hafenbar noch bei einem Cuba Libre die Tagesereignisse Revue passieren ließ.
Am nächsten Tag machten sich die beiden Freundinnen auf den Weg, erkundigten den Ort mit seinen Bars und Geschäften und gingen schließlich zum nahe gelegenen Strand, sonnten sich, genossen die südlichen Gefilde, das Meer und hielten natürlich Ausschau, welche ‚Attraktivitäten' noch so unterwegs waren. Am späten Nachmittag gönnte man sich ein Eis im Strandcafé ‚EL SOL' und dann ging es zurück ins Hotel. Als Tina dort erfuhr, dass ihr Koffer abgegeben worden war und man diesen schon aufs Zimmer gebracht hatte, war der Tag perfekt. Nun konnte sie sich ins Nachtleben stürzen ohne auf ihre Garderobe verzichten zu müssen.
Die nächsten Urlaubstage waren bei strahlendem Sonnenschein zum Relaxen nur so angetan, die beiden genossen das Strandleben, lasen in ihren Büchern, sonnten sich, schwammen im Meer, besuchten Restaurants und Bars und beschlossen meist ihren Strandnachmittag im Café ‚EL SOL', welches mittlerweile zu ihrem Lieblings-Café geworden war.
Auch nach dem heutigen Strandtag, an dem sie zur Abwechslung mit einem Tretboot mal die Nachbar-

buchten erkundet hatten, führte der Weg sie wieder ins ‚EL SOL'. Der Kellner servierte ‚Cafe con leche', als drei junge Männer ins Café schlenderten und es sich an der Bar auf Barhockern gemütlich machten. Diese Hocker ließen sich mit Drehbewegung einmal um die eigene Achse drehen, wovon ab und zu mal einer der Jungs Gebrauch machte, wahrscheinlich um in ihre Richtung zu flirten.
Als der mittlere der Drei dies lässig tat, fiel Tinas Blick auf die Füße und sie konnte sich ein Grinsen nicht verkneifen als sie sah, dass diese in BVB-Strandlatschen steckten, von denen das eine Halteband mit rotem Isolierband geflickt worden war. Diese Latschen kamen ihr äußerst bekannt vor. Sarah fragte, warum sie so grinse, doch Tina erklärte, dass sie ihr das später erzählen würde.
Kurz darauf servierte der Kellner den beiden Damen einen ‚Caipi' mit der Bemerkung, der wäre spendiert von den Männern an der Bar. Zum Zuprosten kamen die Jungs an ihren Tisch und stellten sich mit Benjamin, Dennis und Daniel vor. Schnell kam man ins Gespräch und es stellte sich heraus, dass die drei im Nachbarhotel urlaubten. Daniel war der mit den BVB-Latschen!
Auf dem Rückweg zum Hotel klärte Tina Sarah auf, was ihr Grinsen verursacht hatte. Sie erzählte von den wieder erkannten, unverwechselbaren Latschen und auch von dem Herz, das noch in der untersten Hotelschublade lag. Keine Frage, Daniel war derjenige, dessen Koffer bei Tina gelandet war. Aufgrund des Herzens spekulierten die Freundinnen, dass Daniel sicher bald heiraten wolle und hier auf

Gran Canaria mit den beiden Freunden seinen Junggesellenabschied feiere. Daniels ‚Zukünftige', die ‚Schöne im Negligé', hatte ihm sicher das Herz zwischen die Kleidung gelegt, damit er es beim Auspacken finden solle. Das Foto und die Mahnung ‚sei mir treu' sollten ihn davon abhalten fremd zu gehen.
In den folgenden Tagen sahen die Freundinnen die Jungs immer mal wieder am Strand, einmal im ‚EL SOL' und einmal abends zum Tanzen in der Disco. Sie lernten sich besser kennen und so erfuhren sie, dass Daniel tatsächlich bei Anreise einen falschen Koffer erwischt hatte. Nur, er hatte es bereits beim Einladen in den Transfer-Bus bemerkt; doch da war es ebenfalls zu spät. Auch er musste zur Reklamation am Flughafen zurück.
Tina beschloss, ihn bei passender Gelegenheit einmal aufzuklären, dass sein Koffer bei ihr gelandet war, und die Sache mit dem Herz musste sie ihm auch irgendwie noch beichten.
Als sich alle am nächsten Tag am Strand begegneten und sich ein wenig über das Inselleben unterhielten, kamen sie zu der Überlegung, sich einmal gemeinsam einer Insel-Rundfahrt anzuschließen, die sie zu verschiedenen schönen Stränden, aber auch in die Bergwelt des Insel-Inneren führen sollte. Gesagt getan, buchten sie im nächsten Touren-Office eine Inselrundreise für Donnerstag, was schon übermorgen war. Abholung sollte am jeweiligen Hotel sein.
Schon beizeiten am Donnerstagmorgen fanden sich Tina und Sarah am Hotelportal ein, praktisch ge-

kleidet, mit festem Schuhwerk und Reiserucksack, da unter anderem auch Teile zu Fuß zurückgelegt werden sollten und das Gelände auch schon mal, laut Vorabauskunft, etwas steiler sein konnte.

Sarah hatte in ihrem Rucksack etwas ganz Besonderes, nämlich das Lebkuchenherz. Da sie ja den ganzen Tag lang unterwegs sein würden, ergab sich sicher in einem günstigen Moment einmal die Gelegenheit, Daniel die Geschichte mit dem Koffer und dem heraus gefallenen Herz zu beichten. Er hatte alles Recht der Welt, dieses Herz endlich in den Händen zu halten.

Als der Reisebus vorfuhr, saßen die Jungs bereits im Bus. Sarah und Tina setzten sich hinter Dennis und Benjamin. Daniel wiederum saß davor und – Tina traute kaum ihren Augen – neben ihm saß Clara-Lisa Berger, die Frau, die Sarah auf dem Hinflug nach langer Zeit wieder gesehen und an die sie schlechte Erinnerungen hatte. Die beiden unterhielten sich so angeregt, dass sie das Zusteigen von Tina und Sarah kaum zu bemerken schienen. Die Frauen stellten sich leise die Frage, wann und wo er die wohl kennen gelernt hatte. Vielleicht am Vorabend, oder gerade erst im Bus – kaum zu glauben! Clara-Lisa Berger hatte ein super enges Strandkleidchen an und trug an den Füßen hochhackige Sandaletten. Denkbar ungeeignet für einen Ausflug mit Klettertour, aber Daniel schien ganz hingerissen zu sein. Während der Reise wurde Daniel dermaßen von ihr umgarnt, dass eine Unterhaltung mit den anderen nicht zustande kam. So hatten die vier anderen eben ihren Spaß und Dennis rollte manchmal mit den Augen, wenn er in

Richtung Clara-Lisa und Daniel blickte. Am frühen Nachmittag gelangte der Bus in der Nähe von San Nicolás zu der Stelle, von der aus die Zufuß-Partie losgehen sollte. Der Trupp setzte sich in Bewegung und bedingt durch die doch etwas Kräftezehrende Fußwanderung zerriss die Gruppe an mehreren Stellen. Dennis und Benjamin waren mit der Spitzengruppe unterwegs, Sarah und Tina lagen so im Mittelfeld und Daniel samt Begleitung bildete die Nachhut. Lag es an den hochhackigen Schuhen oder daran, dass Clara-Lisa ihren Begleiter ständig umgarnte?

Da sich der Weg in Windungen den Berg hochzog und es doch sehr heiß war, mussten Lisa und Sarah an einer Stelle eine kleine Verschnaufpause einlegen. Von dieser hoch gelegenen Stelle auf einem Plateau hatte man nicht nur einen herrlichen Blick über die ganze Insel, sondern konnte, wenn man über den Rand schaute, von oben in eine kleine, tiefer gelegene Felsenbucht schauen, an der sie zuvor selber vorbeigekommen waren. Nun standen sie sozusagen ‚eine Etage' höher, schauten von oben hinab und staunten nicht schlecht: In der Felsenbucht stand Daniel an den Felsen gelehnt und Clara-Lisa Berger schmiegte sich eng an ihn und becircte ihn mit Worten, die man oberhalb aber nicht verstehen konnte, da am Himmel ein Flugzeug im Anflug war. Schließlich legte sie ihre Lippen auf seine und das Paar küsste sich inniglich. Sah so der Junggesellenabschied aus?

Irgendwie waren Sarah und Tina empört und noch ehe Tina wusste, was sie tat, griff sie das Lebkuchenherz aus ihrem Rucksack und ließ es von oben in die Felsenbucht fallen. Die Freundinnen sahen gerade noch, dass es genau vor Daniel auf dem sandigen Boden landete, dann zogen sie schnell die Köpfe zurück, damit man sie von unten nicht sehen konnte. Derweil hatte das Flugzeug genau über ihnen seine höchste Stelle erreicht und wenn Daniel und Clara-Lisa nach oben blickten, konnte es fast den Anschein erwecken, als sei das Herz aus dem Flugzeug gefallen – einfach per Luftpost.

Was danach geschah, entzog sich der Kenntnis der beiden Freundinnen. Schnell setzten sie ihren Weg fort, um den Anschluss an die obere Gruppe zurück zu gewinnen. Jedoch als die gesamte Reisegruppe später oben im Bergcafé saß, schien Daniel irgendwie geläutert zu sein. Das Paar war auf Abstand gegangen und nichts ließ mehr auf eine Liaison zwischen ihnen schließen. Im weiteren Verlauf des Ausflugs bildeten die fünf wieder eine fröhliche Gruppe, zu der Clara-Lisa nicht dazu gehörte.

Während der noch verbleibenden Urlaubstage war wieder alles beim Alten. Die Freunde unternahmen einiges miteinander und tauschten schließlich ihre Adressen aus.

Heute war der Tag der Abreise. Die beiden Freundinnen standen in der Schlange am Flughafen und wie der Zufall es wieder wollte, sah Tina das Fräulein Clara-Lisa Berger vor sich in der Reihe stehen. Doch diesmal zeigte Tinas Gesicht keine Sorgenfalten, nein, sie lächelte. Sie waren quitt – sozusagen per Luftpost!

VERBRÜDERUNG

„Wann darf ich endlich in den Pool?“ Julias große blauen Kinderaugen schauten fragend drein und sie hüpfte ungeduldig hin und her.
„Vielleicht sollten wir beide unsere Badesachen anziehen und vorgehen, während Mama schon einmal unsere Koffer auspackt“, sagte Marco zu seiner Tochter und schaute seine Frau Lisa fragend an.
„Eine gute Idee“ meinte diese und: „Sucht schon einmal ein schönes Plätzchen am Pool aus, ich komme dann nach“.
Bereits am Vormittag waren sie in 'Palma de Mallorca' gelandet und nachdem sie ihre Koffer eingesammelt hatten, mit dem Zubringerbus in die an der Ostküste gelegene Clubanlage 'Cala Marsal' gebracht worden. Das komfortable Zimmer bot einen prächtigen Blick auf den parkähnlichen Garten und die integrierte Poolanlage sowie auf die davor liegende Bucht 'Cala Marcal', in der man wahlweise zusätzlich auch das Strandleben und das Baden im Meer würde genießen können.
Zufrieden, einen schönen Platz in Beckennähe gefunden zu haben, streckte sich Marco auf seiner Liege aus, nachdem er zuvor mit dem Töchterchen erfrischend im Wasser geschwommen und eine ganze Weile herumgetollt war. Julia hatte ihm die für ihr Alter von fast sechs Jahren beachtlichen Schwimm- und auch Tauchkünste vorgeführt und er, als stolzer Vater, hatte sie gebührend gelobt.
Aus den Augenwinkeln immer einen Blick auf das Badegeschehen seines Kindes gerichtet, überkam ihn ein wunderbares Gefühl von 'Alles richtig gemacht'! Seit der Eheschließung hatten sie keinen zusammen-

hängenden Urlaub wie diesen gemacht, sondern nur kurze Trips oder Unternehmungen in Wohnortnähe. Nachdem vor acht Jahren sein Vater verstarb, war er von Zons am Rhein nach Düsseldorf-Unterbach gezogen, da dieser Standort zum einen den Vorteil der Nähe zu seinem seinerzeit neuen Job in der City von Düsseldorf mit sich brachte zum anderen die Erbangelegenheit nach dem Tode des Vaters sehr unschön verlaufen war.
Seine Unzufriedenheit und sein Groll, dass sein Zwillingsbruder Claudio das elterliche Haus geerbt hatte, saßen tief. Leider hatte der Vater seine testamentarischen Verfügungen seinen 'Jungs' zu Lebzeiten nie offengelegt. Er, Marco, hatte Geld- und andere Wertpapiere geerbt, die insgesamt gesehen über die Jahre deutlich an Wert verloren hatten, während die teure Immobilie im historischen Zons am Rhein, die seinem Zwillingsbruder vererbt wurde, ständig im Marktwert gestiegen war. Es war ein heftiger Streit über 'Gerechtigkeiten' unter den Brüdern entstanden und danach war das bislang sehr enge Zwillingsbruderverhältnis deutlich abgekühlt.
Insgesamt gesehen, war es eine anstrengende Zeit des Umzuges, des Eingewöhnens in eine neue Umgebung und des Einarbeitens am neuen Arbeitsplatz gewesen. Hier hatte er aber dann Lisa kennen und lieben gelernt. Sie hatten die Ehe geschlossen und mit Töchterchen Julia war das frische Familienglück komplettiert worden. Diese neuen Anforderungen an das Leben hatten bislang einen größeren Urlaub wie diesen nicht erlaubt.
Noch in Gedanken versunken, landeten plötzlich

Wasserspritzer auf seinem Bauch. Jemand war gezielt ganz nah hereingehopst. Beim Auftauchen stellte sich dieser 'Jemand' als seine Gattin dar, die mit neckischem Blick in Richtung Tochter Lisa rief: „Ich bin eine Robbenmamma und suche mein Robbenkind“, was mit einem fröhlichen Quieken erwidert wurde. Als sich nach geraumem Badespaß die beiden endlich aus dem Wasser zu ihm gesellten, fragte er gut gelaunt: „Darf ich den Ladies einen Drink an den Pool bestellen?“

„Wann darf ich endlich in den Pool?“ Alexanders großen blauen Kinderaugen schauten fragend drein und er hüpfte ungeduldig hin und her.
„Vielleicht sollten wir beide unsere Badesachen anziehen und vorgehen, während Papa schon mal unsere Koffer auspackt“, sagte Lara zu ihrem Sohn und schaute ihren Mann Claudio fragend an. „Eine gute Idee“, meinte dieser und: „Sucht schon einmal ein schönes Fleckchen am Pool aus, ich komme dann nach!“.
Beim Auspacken kreisten Claudios Gedanken um die heutige Anreise, den lang geplanten Urlaub als solchen und die begeisterten Blicke seiner Lieben, als sie am Ziel angekommen waren.
Frisch am Vormittag auf der Insel gelandet, hatten sie sich mit dem vorbestellten Leihwagen auf den Weg zu ihrem gebuchten Landhotel, 'Villa Aumallia‘ am Stadtrand von Felanitx gemacht und hier ein kleines Paradies inmitten malerischer Landschaft vorgefunden. Die exklusive Anlage mit Swimmingpool, Spa und Tennisplatz war in eine parkähnliche Garten-

anlage mit Tiergehege und großer Freiterrasse eingebunden. Der Strand von ‚Porto Colom' und die ‚Cala Marcal', die berühmte Drachenhöhle und das mallorquinische Heiligtum, der Berg ‚Sant Salvador' waren in unmittelbarer Nähe und geeignet, mit Frau und Kind abwechslungsreiche Ausflüge zu machen. Vor allem aber hatte dieses Hotel für ihn als Golfliebhaber den Vorteil, dass der Golfplatz ‚Vall d'Or' nahe gelegen war; laut Prospekt '18 Loch' in den hügeligen Fairways aufwies und mit einem phantastischen Blick in die teils zerklüftete weiträumige Landschaft' warb, so dass er sich schon jetzt auf das 'Einlochen' sehr freute.

Der Blick vom Strand in die Bucht Cala Marcal war atemberaubend. In tiefblauen und türkisen Tönen ging das Meer ein zauberhaftes Farbenspiel mit dem ultramarinblauen Himmel ein. Sonnenlichtreflexe tanzten auf dem glasklaren Meerwasser, welches sich mit leichtem Wellengang in die seichte Bucht schlängelte. Schwimmende, planschende und Bällchenspielende Urlauber jeglichen Alters genossen den Badespaß im Meer oder relaxten am Strand.

Sich angenehm auf ihrem Liegestuhl räkelnd, schaute Lisa auf Tochter Julia, die inmitten einer gebauten Sandanlage eifrig mit ihrer Schaufel Windungen und Wege grub, die eine burgähnliche 'Feuerwache' umrundeten. Neben den 'Sand-Werkzeugen' war auch eine Arielle-Puppe, und zwei Spielzeug-Paw-Patrol-Hunde, namens Skye und Marshall in die Anlage mit eingebunden und hatten 'spielerische' Aufgaben zu

erledigen.
Nachdem die Familie nun zwei Tage mehr oder weniger am Pool verbracht hatte, hatten sich Mutter und Tochter heute in das Strandgeschehen eingereiht während Marco etwas für seine Fitness im Hotel-Trainingsraum tun wollte.
Abwechslungsweise immer ein bisschen in ihrem Buch lesend und auf ihr Kind schauend, nahm Lisa fast unmerklich aus dem Augenwinkel wahr, wie zwei der kürzlich freigewordenen Liegestühle neben ihr unter das Dach des Schatten spendenden Schirms gerückt und die kleine 'Insel' mit einer Frau und einem Jungen neu belegt wurde. Aus einer riesigen Tasche kamen nicht nur die üblichen Strandutensilien wie Handtuch und Sonnenschutzcreme hervor, sondern auch ein durchsichtiger Beutel mit allerhand strand-geeigneten Spielsachen.
Julia musste grinsen, insofern waren alle Kinder gleich.

Mit stolz geschwellter Brust fragte Alexander: „Wie lange hast Du gezählt Mama?“
„Bis 20!“, antwortete diese.
So lange war er mit dem Kopf unter Wasser gewesen!
„Und nun tauche ich unter Deinen Beinen durch, OK?“ fragte er. „OK“, erwiderte diese lächelnd.
Nachdem sie eine ganze Weile im Wasser verbracht hatten, meinte Mama, dass sie nun zur Liege zurück sollten und dass er dort eine Sandburg bauen könne, ob allein oder mit ihrer Hilfe. Na, das schaffte er auch allein, er war ja kein Baby mehr. Schon auf dem Hinweg ins Wasser hatte er eine gebaute Sandfestung

eines anderen Kindes entdeckt. Zurück nun, schaute er sich das Ganze etwas genauer an. Ein Mädchen grub tiefe Rinnen. Ohne überhaupt zu überlegen, welche Sprache das Mädchen sprach, meinte er: „Deine Burg sieht gar nicht wie eine richtige Burg aus!“

„Das ist ja auch keine Burg sondern eine Feuerwache. Siehst Du denn nicht Skye und Marshall. Sie müssen Arielle retten, die hat sich in einem tiefen Loch verfangen und kann nicht raus!“, meinte das Mädchen.

„Kann ich mitspielen?“ und ohne eine Antwort abzuwarten, kramte er schnell aus seinem Spielzeugbeutel eine Paw-Patrol-Rocky-Figur heraus und hielt diese wie zur Legitimation dem Mädchen unter die Nase.

„Na klar, hast Du auch eine Schaufel?“ fragte diese und schon nach kürzester Zeit waren zwei begeisterte Kinder in eine phantastische Abenteuerwelt vertieft und zwei lächelnde Mütter freuten sich auf ihren Liegestühlen.

Bedingt durch die gemeinsam spielenden Kinder waren schnell auch die Mütter ins Gespräch gekommen.

„Wie alt ist denn Ihr Sohn?“ fragte Lisa ihre Nachbarin.

„Alexander ist kürzlich 6 geworden und wie alt ist Ihre Tochter?“

„Oh, Julia wird auch bald 6, das passt ja gut. Sind Sie öfter hier?“, wollte Lisa nun wissen.

„Unser Finca-Hotel, die ´Villa Aumallia´, ist ganz in

der Nähe und der Strand von Porto Colom und die Cala Marcal sind die nächsten Badegelegenheiten im Meer. Mein Mann hat uns hergebracht und ist zu einem Golfplatz weitergefahren, weil er ein begeisterter Golfspieler ist. Später am Nachmittag holt er uns wieder ab. Also kann es gut sein, dass wir öfter hier sind".

Schnell waren die beiden Frauen per 'Du' und in ein tieferes Gespräch verwickelt. Lisa erzählte Lara, dass auch Sie mit Mann und Kind hier war und ihr Gatte derzeit im Fitnessraum des Hotels Marsal sein Trainingsprogramm absolvierte. Später wolle man sich noch am Hotelswimmingpool treffen.

Nachdem man gemeinsam noch einmal ins Meer gegangen war und die Kinder sich gegenseitig mit Schwimmeinlagen und Kunststücken überboten hatten, gab es für alle noch ein Eis an der Strandbar.

Zurück am Platz ging Lisas Handy und nach einem kurzen Gespräch teilte sie Lara mit, dass sie nun so langsam zusammenräumen würden um alsbald den Vater im Hotel zu treffen.

Auch Lara erhielt kurze Zeit später einen Anruf, wonach ihr Gatte nun fertig gegolft hatte und seine Beiden in Kürze abzuholen gedachte.

Beide Mütter verabschiedeten sich herzlich und tauschten schnell noch die Handy-Nummern aus, um sich gegebenenfalls hier wieder verabreden zu können.

„Es regnet", stellte Alexander fest und wischte sich einen dicken Tropfen von der Nase. Nachdem sie ausgiebig gefrühstückt hatten, saßen sie zu dritt auf

ihrer kleinen Terrasse vor ihrem Zimmer und tatsächlich tröpfelte es ein wenig.
„Dann machen wir eben heute zur Abwechslung mal einen Ausflug", schlug Claudio vor und Lara hatte spontan die Idee, nach Palma zu fahren. Alexander schaute nicht ganz so begeistert drein und Claudio meinte: „Bei Regen nach Palma zu fahren ist keine gute Sache. Ganz viele Touristen hier auf Mallorca kommen auf dieselbe Idee. Der Verkehr nach Palma rein staut sich in hohem Maße und die Parkhäuser sind überfüllt. Aber wir könnten auf den Sant Salvador fahren. Dort oben gibt es eine Kirche, ein uraltes Kloster, ein riesiges Steinkreuz und drinnen wie draußen allerlei anzuschauen. Außerdem soll die Aussicht von dort oben spektakulär sein".
Lara nickte zustimmend und auch für Alexander klang dies spannender als einen Stadtbummel in Palma zu machen.
Gesagt getan, saßen sie schnell im Mietwagen und bereits auf der steilen, kurvenreichen Auffahrt auf den über 500m hohen Berg, klarte es draußen wieder auf und die Sonne lugte durch die Baumwipfel. Sie staunten nicht schlecht, dass sich viele Radfahrer in engen Trikots den Berg hinauf quälten und nicht minder viele sausten im Gegenzug wieder hinunter. Sie kamen an einigen Aussichtspunkten vorbei, wo man kurz hätte anhalten können doch Claudio am Steuer musste sich höllisch konzentrieren um anhand der vielen Radfahrer die engen Kurven gut durchzustehen. Wie schön, dass oben Parkmöglichkeiten gegeben waren.
Nicht zu viel versprochen, erwies sich, oben

angekommen, die Aussicht als atemberaubend. Im Nordwesten konnte man die beeindruckende Kulisse der Tramuntana-Kette bewundern und südöstlich gelegen schweifte der Blick über das Meer bis hin zur Insel Cabrea. Ja, hier oben auf dem 'Puig de Sant Salvador' gab es einiges zu sehen. Das ursprünglich aus dem 14. Jahrhundert stammende Kloster wurde im 18. Jahrhundert restauriert und innerhalb seiner Kirche konnte man einen gotischen Altar und einige religiöse Gemälde bewundern. In der weitläufigen Außenanlage hatten sie auch das Monument 'Cris Rei' und das Steinkreuz 'Es Picot' schnell gefunden. Alexander stellte zur Freude seiner Eltern viele interessierte Fragen.
Auf der großen Freiterrasse genossen sie bei 'klösterlicher' Bewirtung erneut die atemberaubende Aussicht und der Sohnemann schleckte dabei zufrieden an seinem Eis.
Zurück auf dem Parkplatz mussten sie etwas rangieren; einige weitere Autos waren im 'Anmarsch' und die steile Abfahrt stand bevor. Als ein letztes Auto den Parkplatz anfuhr, schaute Alexander im Vorbeifahren in dessen Rückfenster.
Als sie schon in der ersten Kurve waren, sagte er aufgeregt: „Mama, in dem anderen Auto saß Julia".

Am nächsten Tag war wieder Strandleben angesagt und obwohl sie sich doch nicht verabredet hatten, kamen Lisa mit Julia und Lara mit Alexander fast gleichzeitig bei den Liegestühlen an. Alle freuten sich über den Zufall und man suchte sich natürlich zwei nebeneinander liegende Schirme samt Liegen aus.

Was die Männer anbelangte, so ergab sich die gleiche Konstellation wie schon zuvor, der eine machte Fitness, der andere fuhr zum Golfen.
Das gemeinsame Bad im Meer war wieder herrlich und die Kinder überboten sich anschließend mit Ideen, was die 'Paw-Patrol-Bande' heute wohl wieder für gefährliche Abenteuer im Sand zu bewältigen hatte.
Es stellte sich heraus, dass sich Alexander tatsächlich nicht getäuscht hatte, Lisa mit Familie hatten sich auch für mehrere Tage ein Auto gemietet und damit gestern ebenfalls einen Ausflug auf den Sant Salvador gemacht. Man hatte sich wohl knapp verpasst!
Während die Kinder im Sand spielten, ließen Lara und Lisa das Erlebte vom Vortag noch einmal Revue passieren und freuten sich gegenseitig über den gelungenen Ausflug.
„Morgen übrigens“, meinte Lisa, „fahren wir nach Felanitx, weil immer sonntags dort Markt in allen Gassen und der großen Markthalle ist. Das muss ein tolles Erlebnis sein und wird im Reiseführer angepriesen. Auch der Placa d'Espanya im Zentrum lockt mit vielen Cafés, Ständen und kleinen Läden.“
„Gute Idee, vielleicht machen wir das auch“, sagte Lara. „Wenn ja, können wir ja telefonieren und einen Treffpunkt verabreden, damit wir nicht wieder aneinander vorbeilaufen und sich endlich einmal auch unsere Männer kennenlernen.“
Und so verblieben die beiden Frauen nach einem schönen Strandnachmittag mit den Worten 'Vielleicht bis morgen.'

Puh, es war gar nicht so einfach, an einem Markt-Sonntag in Felanitx einen Parkplatz zu finden. Genau wegen des Marktes waren viele Zufahrten und die Gassen an sich natürlich gesperrt und viele auswärtige 'Besucherfreudige' waren ebenfalls auf der Suche. Endlich in einer der oberen Gassen fündig geworden, bahnten sich Marco und Lisa, mit Julia an der Hand, einen Weg in den Ortskern, immer mit Blick auf die Kathedrale gerichtet. Sie staunten nicht schlecht, dass die Gemeinde nicht wie andere Orte so touristisch ausgerichtet war, sondern eher den alteingesessenen Charme der Einheimischen versprühte. Im Reiseführer hatten sie gelesen, dass die 'Festungs- und Klosterstadt Felanitx' neben vielen anderen Attributen auch als das Zentrum des Weinbaus auf der Insel galt.
Der Markt mit seinen vielen Ständen war bereits gut besucht. Es war nicht schwer, den Platz vor der Kathedrale zu erreichen und von dort bot sich ihnen ein absolut beeindruckender Anblick auf die ursprünglich in katalanischer Gotik erbaute 'Eglesia de Sant Miquel', deren Fassade später im Renaissance-Stil umgewandelt wurde und ein prächtiges Eingangsportal aufwies. Der 30 Meter hohe Glockenturm bildete einen großartigen Kontrast zu dem tiefblauen Himmel. Auf den vielen Stufen, die zu dem prächtigen Portal führten, hatte ein Töpfer seine bunte mallorquinische Töpferware platziert. Irgendwie dazu passend, goss eine weibliche Statue Wasser aus einem Krug unter ihrem Arm in den Brunnen neben der Treppe.
Auf dem Platz gegenüber der Treppe gab es weitere

Treppenstufen, diesmal zum Hinabsteigen, die zu einem eingelassenen Brunnen 'Santa Margalida' führten, welcher bereits zu Römerzeiten errichtet worden war. Dessen Quelle diente ursprünglich dazu, die Einheimischen mit Wasser zu versorgen und ein Mythos besagte, dass diese Quelle niemals versiegen würde und die Menschen noch in tausenden von Jahren zum Bestaunen anlocken würde. Neben dem Brunnen bewachte eine bronzene stattliche Männerstatue mit Speer in der Hand von seinem Sockel aus das Geschehen auf dem Platz. Die vielen bunten Marktstände und teilweise auch sehr 'bunten' Besucher fügten sich nahtlos in das historische Ambiente ein. So einige Handys wurden aus den Taschen gezogen, um das bunte Treiben zu fotografieren.
Auch Lisa hatte ihr Handy bereits in der Hand, als dieses klingelte und sich Lara meldete: „Wir kommen auch zum Markt! Sollen wir uns irgendwo treffen?"
Lisa überlegte laut: „Wir gehen jetzt erst einmal in die Kathedrale, in die Markthalle und dann durch die Gässchen. Der Markt soll bis 14.00 Uhr geöffnet sein. Vielleicht sollten wir uns so um diese Zeit auf dem Marktplatz treffen. Viele Menschen gehen oder fahren dann schon zurück. Wer von uns zuerst da ist, sucht schon mal einen Tisch aus. Was hältst Du davon?"
„Ja so können wir es gerne machen. Wir freuen uns und sehen uns dann später", meinte Lara fröhlich und sie beendeten damit das Gespräch.

In der Markthalle wurden an vielen Ständen die

regionalen Produkte dargeboten. Fleisch- und Wurst-Spezialitäten, wie die in Felanitx hergestellte Sobrassada, Serrano-Schinken und Fuet, besondere Brotsorten, Fisch, Gemüse, Gewürze, Blumen, Keramik und vieles mehr boten ein buntes Bild und an kleinen Tischen in und um die Markthalle konnte man die 'festen' und 'flüssigen' Produkte gleich verkosten.

Das bunte Treiben setzte sich in den vielen Gassen weiter fort. Begleitet von jazzigen Klängen einer Band schaute sich die kleine Familie die vielen unterschiedlichen Stände in den Gassen an. Von Kunsthandwerk, Schmuck, Kleidung, Schuhen, Antiquitäten, alten Büchern und Plakaten war hier für jeden Geschmack etwas dabei.

Als sich die Marktzeit so langsam dem Ende neigte, wollte sich Lisa noch in einem Keramikladen nach einem Mitbringsel für die 'Oma' umschauen, während Marco, der Julia ein kleines Spielzeug versprochen hatte, lieber mit dieser in ein Spielzeug-Geschäft gehen wollte. Folglich vereinbarten sie, sich anschließend so gegen 14.00 Uhr direkt auf dem Marktplatz treffen zu wollen, um dann auch nach der anderen Familie Ausschau zu halten. Falls man sich nicht finden sollte, gab es ja noch das Handy um zu telefonieren.

Mit einer hübschen Keramikschale in der Tasche kam Lisa dann auf dem 'Placa 'd'Espanya' an, der in der Tat mit einigen Cafés, Restaurants und kleinen Geschäften ein mediterranes Flair verbreitete. Prächtige Palmen säumten den Platz unter denen

viele Tische zum Verweilen und Konsumieren einluden. Menschen jeglichen Alters belebten den Ort und das bunte Treiben ringsum. Für die Kleinen gab es einen Spielplatz und Klettergerüste und sowohl einheimische als auch Kinder verschiedener anderer Nationen spielten in Eintracht miteinander.
Schon von weitem konnte Lisa das Profil ihres Mannes an einem der Tische ausmachen und bahnte sich gleich einen Weg dorthin. Zu ihrer Verwunderung saßen an dem Tisch aber auch Lara und Alexander. Die kannten sich doch noch gar nicht! War das ein Zufall?? Und wieso hatte Marco ein rotes Poloshirt an, hatte er sich auf dem Markt noch eines gekauft?
Als sie den Tisch erreichte, schon mit einer Begrüßung auf den Lippen, blieben ihr aber vor Staunen die Worte weg. Das war gar nicht Marco sondern ein 'Doppelgänger'! Es ratterte in ihrem Gehirn und dann fiel es ihr wie Schuppen von den Augen, Marco hatte ja einen Zwillingsbruder, den sie noch nie zuvor getroffen hatte!
Außer einem 'Hallo zusammen' wollten ihr keine weiteren Worte entschlüpfen.
Doch Lara überbrückte das grübelnde Schweigen der Freundin unbekümmert: „Und wo bleiben die 'Deinigen'“, fragte sie fröhlich.
„Die müssen auch gleich kommen“, erwiderte Lisa und beschloss für sich spontan, diese nicht etwa per Handy vorzuwarnen, sondern die Überraschung abzuwarten.
Als diese dann von weitem nahten, machte sie per Handwinken auf sich aufmerksam. Julia sah ihre

Mama zuerst und als beide dann am Tisch ankamen, war die Überraschung nicht nur auf deren Seite sondern auch die der Tischgenossen riesig groß. Die Väter beziehungsweise Gatten sahen sich zum Verwechseln ähnlich!
„Na dann setzt Euch mal zu uns“, meinte Lisa leicht sarkastisch. Die Kinder schauten nicht schlecht und Marco erklärte: „Wir sind Brüder!“, und Claudio verbesserte: „Zwillingsbrüder!“ zum allgemeinen Verständnis.
Noch ehe ein Gespräch so richtig aufkommen wollte, bahnte sich der Kellner des 'Ca N'Ussola' einen Weg zu ihnen um die Bestellung aufzunehmen. Vielfältige Wünsche wurden aufgenommen; nach einem umfangreichen Marktbesuch war man allgemein durstig und hungrig.
Während sich die beiden Frauen gleich munter über die Zufälligkeiten der Abläufe unterhielten und die Kinder noch eine Runde klettern durften, ehe das Essen kam, beäugten sich die Brüder unauffällig. Jeder schien in den Gesichtszügen des anderen lesen zu wollen bis sie schließlich einander vertraut zulächelten. Auch bei ihnen kam eine Unterhaltung auf und ein jeder erzählte, wie man auf Mallorca als Urlaubsziel gekommen war.
Als Getränke und Essen kamen, war eine gemeinsame fröhliche Unterhaltung aufgekommen und auch nach dem Mahl unterhielt man sich prächtig. Die Kinder tollten mit anderen Kindern auf dem Platz herum und spielten Verstecken.

Nach einiger Zeit kamen die Männer wie selbst-

verständlich auf die gemeinsame Kindheit in Zons, den verstorbenen Vater und dessen Erbe zu sprechen und wie sich herausstellte, hätte ein jeder gern den Part des anderen gehabt.
Der eine hatte Papiere geerbt, die nach und nach an Wert verloren hatten. Der andere hatte das Haus geerbt, dass in vieler Hinsicht reparaturanfällig geworden war, ein neues Dach benötigte und vieles mehr, sowie außerdem dort ein Mieter wohnte der ständig klagte und wegen irgendwelcher Nichtigkeiten die Miete zu mindern suchte.
Schließlich beneidete keiner der Zwillinge den anderen mehr und man versicherte sich gemeinsam, wie unnötig und dumm das beiderseitige Verhalten hinterher war, sich gegenseitig zu meiden.
Zur Feier des Tages brachte der Kellner den Erwachsenen der fröhlichen Runde einen 'Hierbas'. Beim Anstoßen erhob Claudio das Wort und meinte: „Auf die Verbrüderung!“
Lara erklärte daraufhin schlagfertig: „und auf die Schwägerinnen!“ und alle stießen gemeinsam an.
Die Kinder hatten ihr eigenes Motto, frei nach der Paw-Patrol-Devise: „Kein Einsatz ist zu groß, wir sind sofort zur Stelle“, rannten sie zum Klettergerüst, um neue Abenteuer zu bestehen.

DIE AUTORIN

Ursula Schachschneider ist in Neuss aufgewachsen und lebt mit ihrem Mann und Kindern in ihrer Geburtsstadt Grevenbroich. Die bekannte Malerin zeigt ihre Werke in zahlreichen Ausstellungen im In– und Ausland. Mit ihren Erzählungen und Kurzgeschichten beweist sie sich stets als Autorin, die mit Leichtigkeit zu erzählen weiß.

Im VSH Verlag Schönrock & Heikamp erschienen:

„Die afrikanische Skulptur"
Urlaubsgeschichten
„Wundersame Weihnachtswelt"
Weihnachtsgeschichten

VSH Verlag Schönrock & Heikamp

www.roki-art.de